Swing Trading Usando el Gráfico de 4 Horas

Parte 1: Introducción al Swing Trading

Traducido del inglés al español por Carlos Parra

Heikin Ashi Trader

DAO PRESS

Tabla de Contenido

1. ¿Por qué el Swing Trading?

La mayoría de los principiantes en el mercado de valores prueban suerte con el comercio diario, o *day trading*. Esto no quiere decir que sea algo malo; de hecho, se puede ganar mucho dinero en el day trading si eres bueno haciéndolo. ¡Si eres bueno! El problema es que muchos aspirantes a traders tienden a subestimar significativamente las dificultades de este método de negociación. Estas son algunas de ellas:

En este corto período de tiempo estás compitiendo con cientos de miles de traders (en su mayoría jóvenes) que están muy bien entrenados y equipados con la tecnología más avanzada.

También puedes esperar una competencia bastante significativa por parte de los llamados **algoritmos**. En otras palabras, estas luchando contra costosos programas de computadora desarrollados por las mentes más hábiles.

Puedes esperar aún más competencia de la falta de volatilidad en los últimos años. Ocurre con mayor frecuencia que los mercados típicos, como el E-mini, el mini-Dow, el par EUR/USD o el petróleo crudo. Es bastante común que experimenten un letárgico movimiento lateral durante todo el día solo para dar un gran salto repentino sin previo aviso. ¿Tienes la posición correcta en ese momento?

Por último, no olvides uno de tus mayores competidores: tú mismo. Jamás debes subestimar la presión psicológica presente en el day trading. Muchos traders han encallado usando este método. Incluso si tienes un momento de éxito, esto no significa que siempre sea así.

Si a pesar de estos inconvenientes aún desea hacer day trading; ¡entonces adelante!

A diferencia de las operaciones diarias, el trading de posiciones, o *position trading* con gráficos diarios o incluso semanales es una forma mucho más cómoda de ganar dinero en los mercados bursátiles. Y, francamente, recomendaría este método a la mayoría de personas.

¡Pero cuidado! Aquí también hay mucha competencia, ya que debes luchar mano a mano con los grandes operadores: fondos de inversión, compañías de seguros y fondos de cobertura que especulan al mediano plazo con acciones, índices, commodities y divisas.

Estos fondos altamente capitalizados podrían, por ejemplo, tener la intención de vender en grandes cantidades las acciones que tú acabas de comprar. No necesariamente porque la acción se haya desvalorizado de repente, sino porque pueden necesitar dinero para otra inversión o deben pagar alguna compensación o demanda a un cliente descontento. Como puedes ver, "invertir" no es tan simple. Puedes incluso llamar a la bolsa un pozo de serpientes y ni siquiera estarías exagerando en lo más mínimo.

¿Existe alguna alternativa?

Creo que si existe. Esta alternativa la llamo *swing trading*. Es un estilo de negociación que tiene lugar en un marco de tiempo demasiado lento para los day traders y demasiado rápido para los inversores a largo plazo. En otras palabras, hay muy pocos profesionales haciendo trading en este marco de tiempo. Tampoco escucharás nada al respecto en la prensa. ¿Cuándo fue la última vez que leíste un artículo interesante sobre el swing trading? Probablemente nunca...

¿A qué marco de tiempo me refiero? Los gráficos que los swing traders usualmente utilizan son gráficos de horas, o mejor aún, de 4 horas. En algunos casos, estos traders también trabajan con gráficos diarios. Este es un período de tiempo que se encuentra entre el inversor y el day trader, así que sentirás como si no pertenecieras a ninguno de los dos estilos. Y eso está bien, porque en este método estás casi solo.

2. ¿Por qué Deberías Operar con el Gráfico de 4 Horas?

Hay buenas razones para operar con el gráfico de 4 horas. Los gráficos con los marcos de tiempo más pequeños, como los de 5 o 15 minutos (típicos de los day traders) no son representativos del flujo de dinero, ya que no te permiten ver lo que está haciendo el "dinero grande". Sin embargo, esto sí lo puedes ver claramente en el gráfico de 4 horas. Un patrón técnico tiene un valor informativo mucho más alto aquí, lo que te indica quién está controlando el mercado en un momento específico: los toros o los osos. Quieres saber esto como trader, ¿verdad?

A diferencia de la mayoría de traders a los que les gusta trabajar con gráficos de velas, yo utilizo **el gráfico Heikin-Ashi.** Este tipo de gráfico tiene varias ventajas:

• la tendencia es más visible gracias al suavizado visual de las velas (a diferencia de los gráficos de velas estándar).

• La fuerza de la tendencia es visible por el tamaño de la vela y la aparición de *pins* (sombras largas por encima o por debajo del cuerpo de la vela).

En otras palabras, el gráfico Heikin Ashi ilustra muy bien el desequilibrio entre la oferta y la demanda, e incluso muestra claramente los puntos de inflexión. Esto lo convierte en una excelente herramienta para identificar los flujos de capital en los mercados. El siguiente ejemplo del índice Dow Jones ilustra este punto:

Figura 1: Dow Jones, Gráfico de 4 horas, Heikin Ashi

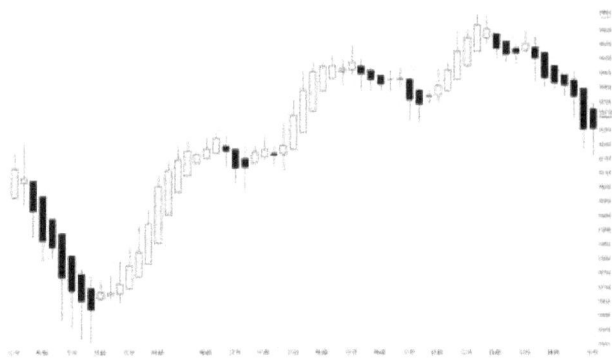

El gráfico de 4 horas muestra los vaivenes del mercado, o *swings* muy claramente. Esos movimientos generalmente duran algunos días. En este ejemplo del gráfico Heikin Ashi se ven claramente los movimientos ascendentes (velas blancas que se elevan) y descendentes (velas negras que bajan). Para ilustrar esto, te mostraré ahora el mismo segmento del índice Dow Jones en el gráfico de velas.

Figura 2: Dow Jones, Gráfico de 4 horas, Velas Tradicionales

Espero que puedas notar la diferencia. Por supuesto que puedes trabajar bien con los gráficos de velas tradicionales, pero personalmente prefiero la presentación visual del gráfico Heikin Ashi, en parte porque me gusta cuando puedo detectar a primera vista si un mercado está en una tendencia alcista o bajista.

En los gráficos de velas tradicionales a menudo obtendrás señales contradictorias. En una tendencia alcista, de repente pueden aparecer velas negras que podrían dar al trader la impresión de que la tendencia ha terminado. Dichas señales falsas son filtradas en el gráfico Heikin Ashi. Esta es una gran ventaja que no debe subestimarse.

Este ejemplo también muestra muy claramente lo que los traders experimentados saben desde hace mucho tiempo: **los movimientos del mercado suelen durar de 3 a 5 días.** Después de que el mercado ha experimentado un rally durante 5 días, usualmente se calma para luego entrar en consolidación o en un movimiento lateral.

En el ejemplo anterior, el movimiento ascendente tuvo lugar en tres impulsos fácilmente identificables gracias a las velas blancas en el gráfico Heikin Ashi. Estos impulsos duraron aproximadamente 24 horas (u ocho velas de 4 horas). La fase de corrección intermedia (generalmente velas negras) también duró aproximadamente ocho velas. En total, este movimiento le tomó al Dow Jones 5 días. De estos 5 días, el Dow ascendió en 3 y corrigió en 2 de ellos. Verás este patrón una y otra vez cuando hagas swing trading.

Por supuesto que querrás aprovechar estas oscilaciones como swing trader. El gráfico de 4 horas visualiza muy bien estos movimientos en el contexto de la situación actual del mercado. **Es necesario añadir que el swing trading no solo funciona en un mercado de tendencia, sino también en uno con movimientos laterales volátiles.** El siguiente ejemplo muestra dicha fase:

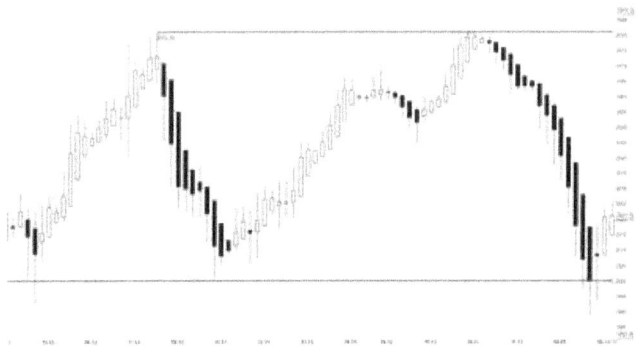

La Figura 3 muestra una tendencia lateral en el índice S&P 500. He indicado los límites superior e inferior utilizando una línea horizontal, ya que ambos fueron relevantes en este ejemplo. La línea inferior, también llamada **soporte**, cae exactamente en la cifra redonda 2000. Estos niveles de precios tienen un importante significado psicológico en los mercados financieros y son respetados tanto por traders como por participantes institucionales.

Por lo tanto, no es coincidencia que el mercado esté experimentando este nivel de soporte. Es decir, hay muchos compradores listos a entrar en el mercado apenas alcance este nivel de precio. Como swing trader, debes otorgar mayor importancia a estas "señales psicológicas". Por lo general verás que el mercado en el primer o el segundo contacto "gira" al alcanzar dichos niveles.

Timing

Otra razón importante para trabajar con el gráfico de 4 horas es el *timing*. Mientras que el timing y la velocidad lo son todo para el day trader, la dirección de la tendencia es lo que más preocupa al swing trader. Esto le exige dar un paso atrás y concederle al mercado las horas o días necesarios para que se vaya desarrollando. Por lo tanto, comprar el Dow en 16,500 o 16,550 no es lo más importante. Lo más importante es elegir la dirección correcta.

Como swing trader también debes hacer frente a contra-movimientos periódicos. Es muy posible que el mercado se mueva 30-50 puntos temporalmente en contra de tu posición. Pero esto no debería sacarte de ella. Como day trader, no puedes permitirte eso.

Las ganancias también son mayores en el swing trading. La mayoría de las veces te beneficiarás de estos movimientos inesperados, de los que hablé anteriormente usando este método. No hay manera de saber por adelantado cuándo van a aparecer, pero esto no es tan malo. Como swing trader, puedes esperar hasta que el mercado tome una decisión.

Por lo general tienes varias horas para pensar en tu entrada, no tienes que comprar de inmediato. También recomiendo usar órdenes límite cuando estés operando, ya que al hacerlo puedes construir tu posición con calma, posterior a un buen análisis del mercado.

Si compras o vendes a través de una orden de mercado, estás aceptando el precio de mercado actual, y por lo general, este no es el mejor precio para abrir una posición. A menudo vale la pena colocar tu orden límite 50 puntos más abajo, si lo que quieres es comprar. Es posible que el mercado alcance este nivel antes tomar la dirección deseada.

Por último, pero no menos importante: con el swing trading no tienes que sentarte todo el día frente a la pantalla. Muchos neófitos del mercado de valores encuentran muy emocionante seguir el vaivén regular de los precios, pero esto no tiene nada que ver con ganar dinero.

Como swing trader, realizas un análisis diario del mercado en el que estás operando. Colocas tus pedidos y estás listo por el día. En mi experiencia, los resultados son mejores si no estás revisando constantemente tus posiciones. Sé que en la era de las tabletas y los teléfonos inteligentes esto puede ser un gran desafío, pero si ya has operado durante un tiempo podrás confirmar esta experiencia.

Lo mejor es acompañar tu posición con una orden OCO (orden cancela orden). Con esta orden tu posición queda automáticamente protegida con un stop-loss para limitar las pérdidas y con un take profit para realizar los beneficios automáticamente cuando el objetivo sea alcanzado.

Una de las dos órdenes es activada y las órdenes pendientes son cerradas automáticamente por el sistema. El resto es mejor dejarlo al mercado. Puedes cerrar tu PC o portátil y hacer otra cosa.

Este procedimiento se llama *set and forget*, o "fijar y olvidar". El trader establece su límite de compra, el cual es automáticamente acompañado por las dos órdenes ya mencionadas. De este modo, determina su riesgo máximo y al mismo tiempo identifica el nivel de precio sobre el que quiere realizar los beneficios.

Figura 4: Esperando una Posición Corta en los Futuros del Petróleo

11

Para ilustrar este punto, quiero mostrarte un ejemplo de una posición corta en el futuro del petróleo. La línea horizontal es una resistencia de US$ 50.20, donde deseo vender (es decir, ir corto). Como puedes ver, cuando realicé la captura de pantalla el mercado aún no había alcanzado este nivel, por lo tanto mi límite de venta esperó hasta que se alcanzara.

Al mismo tiempo tenía una orden de venta en $50.60 (línea negra superior), acompañada por una orden de parada y un take profit en $48.80 (línea negra inferior.) En el momento en que se active mi límite de venta, en $50.20, las otras dos órdenes se activarán automáticamente. Sabía que tenía un riesgo de $0.40 en esta operación y que podía ganar $1.40. Esto corresponde a una relación riesgo-recompensa (RRR) de aproximadamente 1:3, la cual es excelente.

Si se ejecuta alguna de las dos órdenes que acompañan mi orden de venta, la otra orden se cancela automáticamente. Como trader, no necesito hacer más que esperar y ver cómo decidirá el mercado. **Es este tipo de serenidad la que debes desarrollar como swing trader, ya que tu labor termina al hacer el análisis.** Es el mercado el que decidirá en última instancia si obtienes un beneficio o una pérdida en tu próxima operación.

Si siempre ingresas a tus operaciones con una RRR apropiada, entonces este buen hábito se reflejará tarde o temprano en un resultado de trading positivo. A través de una buena selección cualitativa de operaciones (tema del segundo libro de esta serie), puedes mejorar aún más este resultado.

3. ¿Cuáles son los Mercados Más Adecuados para hacer Swing Trading?

En principio, puedes hacer swing trading en cualquier mercado. Las acciones son buenos instrumentos, ya que pueden experimentar algunas fluctuaciones muy fuertes. Pero no todos los traders son buenos negociando con acciones, incluyéndome. Ciertamente tiene que ver con el hecho de que el mercado de valores cierra por la noche y abre nuevamente a la mañana siguiente.

Este cierre no siempre es apropiado para un trader, ya que el precio de cierre de un día no necesariamente es el mismo al de apertura en la mañana siguiente. Muy a menudo se producen diferencias, **llamadas brechas** *overnight* **– de un día para otro – o de precios.** Estas brechas pueden trabajar para ti, pero también contra ti. La verdad es que es muy frustrante cuando te levantas a la mañana siguiente y el precio de la acción que compraste ayer ha caído 5%.

La alternativa para un trader que quiera evitar estas grandes diferencias de precio en las acciones es **negociar solo los mercados.** ¿Qué quiero decir con esto? Debes negociar mercados generales en lugar de acciones. Estos pueden ser índices de acciones (Dow Jones, DAX, NASDAQ y S&P 500), commodities (oro, plata, petróleo) o divisas (euro, dólar, libra, yen, etc.).

También puedes experimentar brechas en los mercados, pero estas suelen ser menores que aquellas presentes en las acciones. El motivo es simple: cuando negocias, por ejemplo, el Dow Jones, no estás invirtiendo en una, sino en 30 compañías. El Dow Jones no es más que una "canasta" de 30 grandes compañías estadounidenses.

Las distintas brechas en los precios de estas 30 acciones se equilibran entre sí, por lo que las brechas overnight en el índice Dow Jones son en su mayoría moderadas. Si como trader alguna vez experimentas un período de brechas de 5% o más en el precio de los índices bursátiles, debes considerar seriamente tomar un descanso de la actividad.

Tales brechas extremas aparecen principalmente en períodos de gran volatilidad, como por ejemplo en 2008 durante la crisis financiera. Afortunadamente estos períodos son generalmente cortos y no ocurren con demasiada frecuencia, pero no puede descartarlos, por lo que siempre debe vigilar el **VIX**. El VIX es la abreviatura del *CBOE Volatility Index*, o el índice de volatilidad de mercado. Este índice representa la fluctuación del índice bursátil estadounidense S&P 500.

Figura 5: VIX, 2006-2016

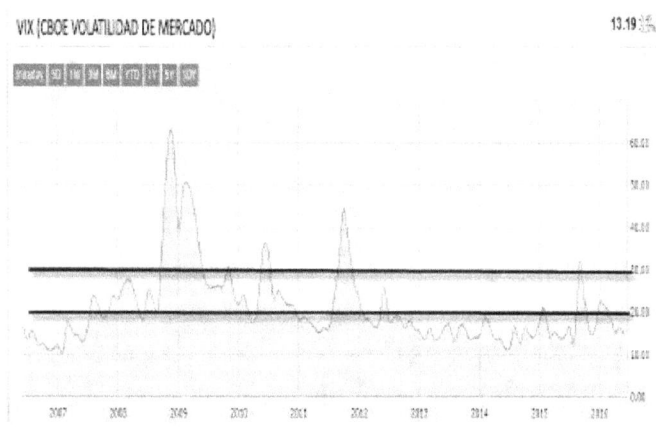

La Figura 5 muestra un gráfico del VIX de 2006 a 2016. Las dos líneas horizontales en el gráfico son el indicador de la volatilidad. Los valores inferiores a 20 se consideran de "baja volatilidad", mientras que los superiores a 30 se clasifican como de "alta volatilidad". En el momento de la captura de pantalla la volatilidad había sido 13.19, cifra considerada como históricamente baja. Los años en que la volatilidad se elevó muy por encima de la marca de 30 son claramente visibles, en este caso 2008 y 2011.

No es coincidencia que estas fases sean consistentes con la crisis financiera de 2008 y la crisis del euro de 2011. En noviembre-diciembre de 2008, el VIX alcanzó valores extremos de más de 60 puntos. Estas fueron las semanas de la bancarrota de Lehman Brothers. La economía mundial estaba al borde de un desastre, y te recomiendo que si tal fase aparece nuevamente en los mercados financieros, ceses temporalmente tus operaciones.

Yo mismo ejecuto mi swing trading con una canasta de índices, commodities y divisas. Aquí está la lista:

Índices: DAX, Dow Jones, S&P500, Nasdaq100

Bonos: futuros Bund (futuros sobre los bonos alemanes a 10 años).

Commodities: Petróleo WTI, Oro y Plata

Divisas: EUR/USD, EUR/JPY, GBP/USD, USD/JPY, USD/CHF, AUD/USD, NZD/USD, USD/CAD

Son un total de 16 mercados, y créeme: si los observas con atención todos los días, tendrás una idea bastante precisa de lo que está sucediendo en el ámbito financiero global en cualquier momento. Los traders más experimentados saben, por supuesto, que todos estos mercados están más o menos relacionados entre sí.

Aunque las correlaciones entre ellos pueden cambiar con el tiempo, puedes establecer algunas reglas que se aplican de modo general:

1. Los índices bursátiles suelen estar altamente correlacionados. Cuando los mercados estadounidenses aumentan, verás que los índices asiáticos o europeos también lo hacen. Los tres principales índices bursátiles de EE. UU. (Dow Jones Industrials, S&P 500 y Nasdaq100) aún pueden calificarse como los impulsores de las bolsas de valores mundiales. Cuando estos tres índices están a la baja, los otros índices generalmente tienen dificultades para contrarrestar la tendencia.

2. El dólar estadounidense sigue siendo la divisa más importante del mundo. Si el dólar estadounidense sube, generalmente las otras monedas principales –euro, dólar australiano, libra esterlina, dólar neozelandés, dólar canadiense y franco suizo – están bajando.

3. Un dólar fuerte generalmente es desfavorable para commodities como el oro, la plata o el petróleo, y viceversa. Esta correlación puede, por supuesto, cambiar temporalmente. Pero verás que la correlación tarde o temprano se establece de nuevo.

Sobre el tema de las correlaciones se puede escribir un libro completo. Si conoces bien las tres reglas mencionadas, ya estás por delante de la mayoría de los participantes en el mercado, que no saben mucho al respecto. Si deseas conocer más sobre las correlaciones entre las divisas, recomiendo este sitio. Puedes encontrar información sobre el cambio en la correlación de los principales pares de divisas por hora, 4 horas y diariamente.

4. ¿Qué instrumentos Puedes Negociar con el Swing Trading?

Puedes negociar en la mayoría de los mercados en mi lista con un **ETF**, o *Exchange Traded Fund* (Fondo Cotizado en Bolsa). Un ETF es un fondo de inversión que se negocia en un mercado. Si no sabes nada sobre los ETFs, seguramente encontrarás suficiente información haciendo una simple búsqueda en Google. También hay excelentes libros sobre el tema.

La mayoría de los ETFs que reflejan los principales mercados financieros tienen una buena liquidez. Obtienes *spreads* ajustados (tasas de compra y venta) y generalmente no tienes problemas si deseas revender tu posición. Aquí hay una pequeña lista de los ETFs más populares con sus mercados subyacentes:

- SPY: S&P 500
- QQQ: NASDAQ
- GLD: Oro

Si planeas ejecutar tu swing trading con **futuros**, entonces tendrás que lidiar con brechas de precios, ya que los mercados de futuros tienen horarios de apertura. Por lo general estas brechas son menores en los mercados que en las acciones. Los mercados principales a menudo no abren al día siguiente con brechas significativas.

Muchos swing traders emplean **CFDs,** o *Contract for Difference* (Contratos por Diferencia) en su negocio. Estos son instrumentos que rastrean detenidamente el movimiento de precios de un mercado. Los CFDs tienen, como los futuros, un apalancamiento muy alto.* Para ilustrar esto, te daré un ejemplo del DAX:

*Ten en cuenta que los CFDs no están permitidos en los Estados Unidos.

Supongamos que deseas comprar un contrato CFD en el DAX a un precio de 10.000. Dependiendo del bróker, debes pagar un margen de 1% por este contrato. Esto significa que son suficientes 100 euros (o libras esterlinas) en tu cuenta para que puedas comprar 1 contrato. En ese caso, ¡negocias 10.000 euros con solo 100 euros (o libras) como tu apuesta.

Si el DAX ahora sube a 10,500 puntos y vendes, obtendrás una ganancia de 500 puntos o 500 euros (o libras esterlinas). La mayoría de traders que conozco que negocian con CFDs normalmente no tienen más de 1000 euros en su cuenta. Si obtienes una ganancia de 500 puntos en esta operación, multiplicas tu capital con un 50%. ¡Y haces esto con una sola operación!

Esto es genial, siempre y cuando ganes. Sin embargo, **siempre debes tener en cuenta que este apalancamiento es igual de válido si pierdes.** Si pierdes 500 puntos, ¡ya has perdido el 50% de tu capital! Definitivamente no es la mejor sensación.

Por lo tanto, debe pensar detenidamente si deseas comenzar tu negocio de swing trading con instrumentos apalancados. A menudo, es mejor abordar el asunto de una manera más conservadora y negociar primero con ETFs, los cuales generalmente tienen poco o ningún apalancamiento. Tus ganancias pueden ser menores aquí, pero también podrás limitar tus pérdidas.

Si desea eliminar por completo el riesgo de experimentar brechas de precios, **debes negociar solo con divisas.** Las divisas se comercializan durante toda la semana, 24 horas al día. El mercado abre el domingo a la noche y cierra el próximo viernes a la noche. Por lo tanto, no hay sorpresas.

En este escenario, debes cerrar todas tus posiciones abiertas antes del viernes a la noche. Por lo general, puedes volver a abrirlas el domingo a la noche o el lunes a la mañana si está convencido de que tu posición debería continuar después del fin de semana.

Al negociar divisas, también puedes calcular tu riesgo de manera óptima. Solo arriesgas la distancia entre el precio de entrada y tu orden stop-loss.

Esta es una ventaja importante. Con la mayoría de brókeres también puedes controlar los tamaños de posición notablemente. Recomiendo comenzar con los llamados micro-lotes. Estos son lotes de US$1000. Un ligero cambio de un pip significará solo $0.1. Si pierdes 50 pips, solo habrás perdido $5. Esto es algo seguro de manejar.

5. Configuraciones en el Swing Trading

Ahora llegamos a la parte más importante de mi método: las configuraciones que negocio. De nuevo, trato de mantener todo el proceso lo más simple posible. Básicamente, **una configuración no es más que un cierto patrón en un gráfico bursátil.** Dado que ciertos patrones surgen una y otra vez, los traders han acordado ciertos términos para denominarlos a lo largo de los años. La verdad es que la mayoría de ellos son tan simples que cualquier trader no especializado puede entenderlos de inmediato.

Por cierto, aquí solo estoy hablando de las oportunidades de entrada. El tercer libro de esta serie sobre swing trading titulado "¿Dónde establezco mi parada?" hablará específicamente de las mejores maneras para situar una parada y cómo distinguir un objetivo en una situación específica del mercado. Mientras tanto, comenzaré primero con la parte fácil: ¿dónde entro?

A. Soporte y Resistencia

Para algunos traders este enfoque podría ser demasiado simple. El hecho es que los niveles de soporte y resistencia siguen estando entre las configuraciones más poderosas que el mercado puede ofrecer, siempre y cuando sepas lo que estás haciendo.

Los términos *soporte* y *resistencia* se derivan del análisis técnico. Los analistas hablan de un **soporte** cuando descubren un nivel de precios en el gráfico donde el mercado gira repetidamente hacia arriba.

Esto significa que en el nivel de soporte la presión de compra obviamente aumenta, empujando los precios nuevamente hacia arriba. Con una resistencia ocurre exactamente lo contrario. Aquí surgen cada vez más vendedores, quienes empujan los precios hacia abajo.

La razón por la cual existen tales niveles de precios puede variar. En los mercados de valores a menudo sucede que un operador mayor solo empieza a comprar una vez que se alcanza cierto nivel de precio. Un buen trader puede aprovechar este escenario comprando también a este nivel de precio y nadando con los grandes tiburones, siempre y cuando estos sigan impulsando los precios hacia arriba.

En los índices bursátiles o en los mercados de divisas este también es el caso, pero aquí, las consideraciones de gráficos puramente técnicas juegan un rol. Los mercados generales están más orientados técnicamente. Decenas de miles de comerciantes en todo el mundo están involucrados en ellos, cada uno mirando las mismas etiquetas de precios en sus gráficos. No es de extrañar, como por milagro, que los precios cambien en ciertos niveles, y esto sucede varias veces seguidas.

Un swing trader capaz de reconocer estos puntos de quiebre bien puede desarrollar una estrategia rentable, comprando el soporte y vendiendo la resistencia. Quiero ilustrar este concepto con algunos ejemplos.

Figura 7: Petróleo, Gráfico de 4 Horas, Heikin Ashi

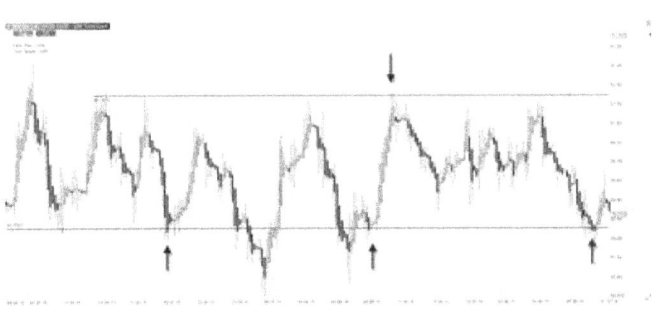

21

Este ejemplo del futuro del Mini Crude Oil ilustra bastante bien el concepto. El precio del petróleo parece fluctuar entre dos áreas y se comercializa en un movimiento lateral reconocible. Este movimiento es llamado *rango*. El nivel de precio superior de US$61.74 (línea horizontal superior) es claramente visible y es la "barrera" en la que el precio siempre gira hacia abajo. Tal nivel de precio es lo que los analistas llaman **resistencia**.

Después de alcanzar el nivel de US$58.28 el precio vuelve a subir (línea horizontal inferior), en lo que los analistas técnicos llaman soporte. Es típico del mercado petrolero que los movimientos de los precios de alguna manera "exageren". Vemos esto en el gráfico, especialmente en el soporte, el cual fue traspasado dos veces. Unas horas más tarde el precio del crudo regresó al rango. Cómo negociar tales exageraciones o "falsificaciones" lo describiré en la segunda parte de esta serie sobre el swing trading.

Tales rangos pueden ocurrir en todos los mercados. El precio se encuentra atrapado entre dos niveles en que los jugadores más grandes compran (soporte) o venden (resistencia). Un buen swing trader puede explotar esto **comprando el soporte con un objetivo de precio en la resistencia y vendiendo la resistencia con un objetivo de precio en el soporte.** Las paradas de protección a establecer deben ir ligeramente por debajo del mínimo de la vela anterior o por encima del pico de la vela anterior para las posiciones cortas.

B. Doble Techo y Doble Fondo

Un punto de entrada muy interesante son los llamados patrones de doble techo y doble fondo. **Un doble techo** se forma cuando el precio alcanza el pico del impulso anterior después de una consolidación inicial pero sin romper el nivel de resistencia. Los precios retroceden, ya que todos los participantes del mercado saben ahora que la presión de compra ha disminuido.

Figura 8: EUR/USD, Gráfico Diario, Heikin Ashi

Este ejemplo de un doble techo en el EUR/USD se produjo entre marzo y mayo de 2014. El euro se había recuperado en los meses posteriores a la llamada "crisis del euro", y encabezaba la ronda de 1.40 contra el dólar estadounidense. Aquí, el euro formó el doble techo en la Figura 8 (ambas flechas).

Fue interesante ver que en el segundo techo (flecha derecha), el primer máximo del 13 de marzo fue superado en breve el 8 de mayo de 2014, pero la vela del día se cerró por debajo del primer máximo. El

EUR/USD se acercó en el curso de la jornada al nivel 1.3992, pero sin llegar a 1.40.

Son tales detalles los que deben llamar la atención del swing trader. Esta información te dice que las órdenes de venta masiva deben estar esperando en la cifra redonda de 1.40, lo que debería evitar que el euro supere este nivel. El resultado fue una clara venta del par de divisas en los días y semanas siguientes, equivalente a un descenso de 500 pips.

Pero eso no fue todo. Este primer movimiento a la baja fue simplemente el comienzo de una nueva tendencia bajista masiva en el EUR/USD, que eventualmente llevó al par por debajo de 1.05. En otras palabras: ¡el doble techo tuvo un valor total de 3500 pips! El trader que hubiera negociado en corto aquí poniendo una parada protectora algo por encima de 1.40 habría generado un retorno fantástico.

Aunque estas oportunidades son raras, existen, y creo que cada swing trader debe intentar al menos aprovechar algunos de estos movimientos. Una sola operación de esta categoría puede asegurarte un buen año.

La situación inversa ocurre con un doble fondo. En el siguiente ejemplo de febrero de 2016, los precios del futuro del E-mini (Figura 9) habían alcanzado un primer mínimo, tras lo cual se recuperaron temporalmente. Luego volvieron a caer, alcanzando el primer mínimo por segunda vez, pero aquí los vendedores ya no pudieron seguir empujando el mercado hacia abajo. ¿El resultado? los precios comenzaron nuevamente a subir y el doble fondo fue perfecto.

Figura 9: E-mini, Gráfico Diario, Heikin Ashi

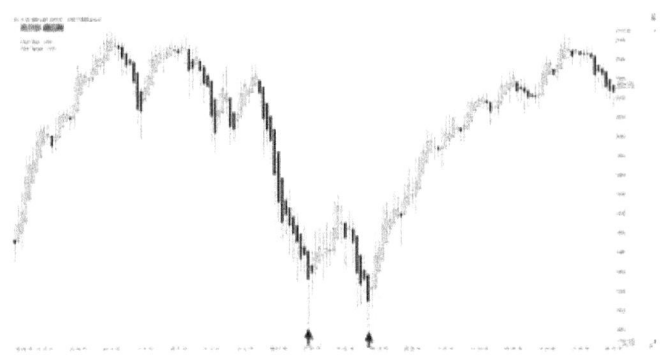

Este ejemplo del futuro en el S&P 500 es bastante descriptivo. El 20 de enero de 2016 el precio alcanzó un primer mínimo en 1804. En las siguientes jornadas de negociación el precio se recuperó un poco, pero de nuevo regresó formando un segundo mínimo el 11 de febrero de 2016 en 1802.50. Este segundo mínimo fue de hecho un poco más profundo que el primero. Durante todo el día, el E-mini se recuperó y formó una llamada vela de reversión. Esta es una vela que marca un nuevo mínimo pero cierra cerca de los máximos del día durante la jornada de negociación. Por lo tanto, los vendedores no lograron mantener los precios bajos.

Al día siguiente, el E-mini formó un trompo. Esta es una formación con un cuerpo pequeño pero con largas sombras arriba y debajo de él que indica una situación de equilibrio entre compradores y vendedores. La presión de venta al menos había desaparecido y la posibilidad de que estuviéramos lidiando con un doble fondo era ahora un hecho.

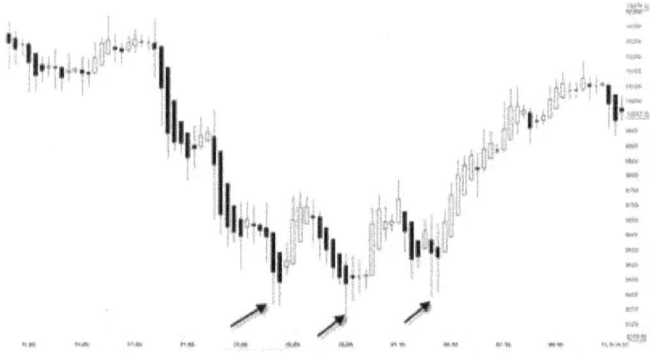

Las excelentes oportunidades de negociación también se pueden dar con un triple fondo, como se muestra en la Figura 10 en el FDAX. Esta formación de fondo fue bastante interesante, porque el segundo mínimo (flecha intermedia) fue ligeramente menor que el primero y el tercero. Esto le indica al trader, por un lado, que los mínimos fueron realmente explorados aquí y, por otro lado, que los compradores siempre estuvieron listos en este nivel para alcanzar el mercado.

Puedes reconocer este hecho por las largas sombras entre las velas (tres flechas). Esto hace de estas velas unas de reversión (mencionadas anteriormente), sugiriendo una rotación del 180% en la otra dirección, lo que en realidad ocurrió después del tercer mínimo. La señal de compra vino después de la primera vela blanca posterior a la última vela de reversión (tercera flecha a la derecha).

Figura 11: Futuros SMI, Gráfico Diario, Heikin Ashi

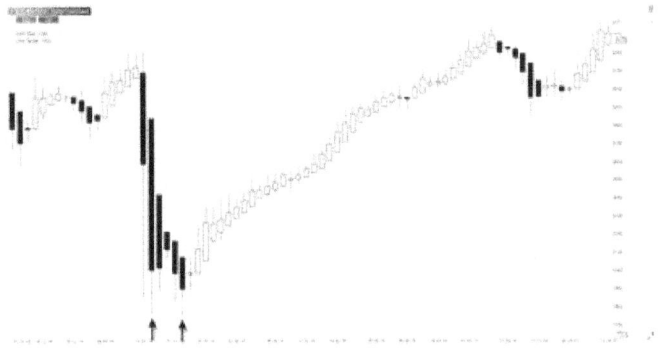

Los eventos extraordinarios a veces traen oportunidades inusuales. Algunos traders recordarán el llamado "tsunami del franco suizo" del 15 de enero de 2015. Fue en esa fecha cuando el Banco Nacional de Suiza levantó de golpe el empalme del franco al euro. El franco subió de precio en media hora en un 20%, lo que representa un movimiento aplastante en el mercado Forex.

Esto, por supuesto, trajo consecuencias al mercado de valores suizo. La Figura 11 muestra el futuro del SMI, el futuro del índice suizo actual. Después de que el índice se había calmado en los días posteriores al "tsunami", se formó un doble fondo (flechas) en el gráfico Heikin Ashi, que brindó una oportunidad extraordinaria. En las siguientes semanas, el índice se recuperó por completo de este evento. Las pérdidas se revirtieron con un gran impulso diario, un movimiento que las velas Heikin Ashi muestran muy claramente.

Vale la pena que, como swing trader, estés al tanto de mercados que hayan experimentado un desplome marcado. **Es crucial que encuentres una formación que sugiera una reversión,** como fue el caso en el ejemplo del SMI. Eventualmente los mercados se recuperan incluso de los golpes más profundos que reciben.

Este no es siempre el caso para las acciones, porque a diferencia de los índices que representan una canasta variada de acciones, las acciones individuales de las compañías bien pueden caer a cero, como algunas bancarrotas espectaculares en la historia económica han demostrado. Esta es también una razón por la cual, como swing trader, personalmente negocio los mercados generales. **Los mercados no quiebran. Las empresas sí lo hacen.**

C. Rupturas

Las rupturas han sido muy criticadas en los últimos años, y con razón. El argumento es que hay demasiadas rupturas falsas como para seguirlas negociando de forma rentable. Entiendo este argumento, pero también quiero dejar en claro que no todas las situaciones de ruptura se pueden equiparar.

En el segundo libro de esta serie sobre swing trading entraré en más detalles sobre el fenómeno de las llamadas falsas rupturas y también mostraré cómo puedes desarrollar una estrategia de trading muy rentable que cumpla con los requisitos actuales de los mercados.

Por ahora, una de mis reglas en cuanto a las rupturas es: cuanto más larga sea la consolidación anterior (cuantos más intentos tome el mercado para romper un soporte o una resistencia), más importante será la ruptura potencial. En otras palabras: cinco intentos son mucho más significativos que tres. Cuando veo un escenario similar, entonces mi interés se despierta.

Figura 12: EUR/JPY, Gráfico de 4 Horas, Heikin Ashi

Este ejemplo del par EUR/JPY (euro - yen japonés) con suerte ilustra a lo que me refiero. El par intentó varias veces superar una línea de resistencia. Hubo un total de 8 intentos, hasta que tuvo éxito (flechas desde la parte superior de la línea). La ruptura no fue nada espectacular, como a menudo lo es en estos casos. Por el contrario, el par rondó sobre la resistencia por horas e incluso fue por debajo de la línea repetidamente (4 flechas inferiores).

El swing trader, por lo tanto, tenía todo el tiempo para planear en una buena entrada, que en algún momento habría dado sus frutos. ¡En su apogeo había hasta 400 pips por ganar!

D. Banderas y Banderines

Después de fuertes movimientos de tendencia, las consolidaciones temporales no son infrecuentes. El mercado se detiene por un corto tiempo para luego continuar su movimiento de tendencia. Es por eso que hablamos en este caso de patrones de continuación de tendencia. Estas formaciones pueden tomar diferentes formas, pero las más conocidas son probablemente las llamadas **banderas**.

Este patrón es utilizado por los traders debido a que su formación se parece en realidad a una especie de bandera. La tendencia alcista anterior se considera como el asta, mientras que la corta consolidación opuesta se puede ver como la bandera. En consecuencia, no solo hay banderas, sino también **banderines**. En un banderín, la consolidación no se lleva a cabo en un canal de tendencia paralelo como en la bandera, sino que las líneas de tendencia convergentes terminan en una punta.

Cuando especulas sobre la continuación de una tendencia, esperas que esta tendencia siga siendo fuerte y no termine. Esto es lo que una bandera sugiere. Al contrario de un rango, aquí el trader especula sobre las tendencias grandes, que por supuesto se producen en el mercado de valores de vez en cuando.

Las banderas son excelentes oportunidades para aquellos traders capaces de identificarlas en un gráfico. De hecho, hay traders que se ocupan exclusivamente de ellas y solo negocian este patrón. Las banderas en una tendencia alcista simplemente se llaman banderas alcistas. En una tendencia a la baja se llaman banderas bajistas. En su mayoría, van en contra de la tendencia principal, como en la figura 13 a continuación.

Figura 13: FDAX, Gráfico de 4 Horas, Heikin Ashi

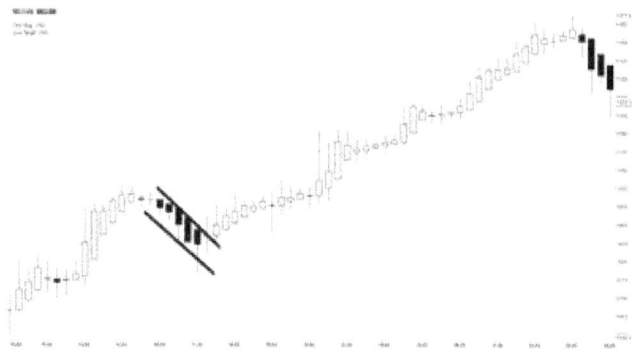

Este ejemplo del FDAX ilustra muy bien el concepto de bandera alcista. Vemos una clara tendencia al alza en la parte izquierda del gráfico. La mayoría de las velas Heikin Ashi son blancas. A esta tendencia le sigue un pequeño retroceso, el cual dura unas pocas horas. Aquí las velas son negras, ya que el mercado parece bajar temporalmente. Después de esta breve fase de consolidación, el FDAX comienza a subir de nuevo.

Por lo general, las banderas se extienden en un pequeño canal de tendencia. La ruptura de la línea superior de este canal proporciona la señal de compra. Por lo tanto, las banderas alcistas también son interesantes porque suelen aparecer en fases de fuerte tendencia, como en este ejemplo. El mercado debería continuar su tendencia poco después del final de la bandera. De esta manera, el trader puede asegurar su posición con una parada ligeramente por debajo del canal de tendencia de la bandera.

Con las banderas, los traders suelen alcanzar una buena relación riesgo-recompensa. Una posición comprada en 10,900 puntos podría haber sido protegida con una parada de 100 puntos. ¡Pero esta operación produjo 1500 puntos! En otras palabras, ¡la operación generó una extraordinaria relación riesgo-recompensa de 1:15!

31

En un índice como el DAX este es un gran beneficio que nunca estuvo bajo amenaza. Durante la ola de compra después de la bandera, las velas Heikin Ashi permanecieron blancas. La salida se llevó a cabo 1500 puntos después de la primera vela negra.

Este tipo de oportunidades ocurren en un gráfico de 4 horas una y otra vez. Por eso creo que este marco de tiempo puede ser muy rentable si el comerciante tiene la paciencia necesaria para esperarlas.

6. Gestión del Capital

La gestión del dinero es sin duda una de las herramientas más importantes para un trader. Por supuesto, en términos de riesgo se debe tener en cuenta que este es un tema manejado de manera diferente por cada trader. **Una regla general es que nunca debes arriesgar más del 1% de tu capital por operación.**

Hay una buena razón para ello. Supongamos que te equivocas 10 veces seguidas (lo cual no es tan raro). Con un 1% de riesgo, perderás el 10% de tu capital. Ahora debes obtener un beneficio del 11% para volver al punto de equilibrio (a 0). Esto es factible.

Pero si arriesgas un 5% por operación (lo que muchos principiantes hacen) y sufres 10 pérdidas seguidas, ya habrás perdido la mitad de tu capital. No hace falta decir que esto es extremadamente perjudicial para tu psique de trader, sin contar con que ahora tienes que obtener el 100% de ganancia para recuperar tu parte.

Otro enfoque que recomendaría es simplemente especificar un monto fijo como tu **riesgo máximo por operación**. Podrías, por ejemplo, llegar a un acuerdo contigo mismo para no arriesgar más de $100 por operación. Esta sería tu zona de confort actual. Más adelante, cuando tu nivel de conocimiento y confianza hayan aumentado, puedes aumentar esta suma.

7. Por qué Necesitas un Diario de Trading

Recomendaría un diario de trading para cualquier trader (no solo para los principiantes). He mantenido uno de estos diarios a lo largo de mi carrera. ¿Por qué? Después de un tiempo, un diario te puede ofrecer estadísticas muy interesantes sobre tu propio comportamiento de negociación.

Después de una serie de operaciones, un diario te puede decir en qué mercados estás negociando bien y qué mercados puedes mejorar. ¿No es esta información bastante útil e interesante? ¿Y no tiene sentido enfocarte en aquellos mercados o instrumentos donde te va mejor?

Soy bueno negociando el franco suizo y el dólar canadiense. A la libra esterlina sin embargo, ni me acerco. Con esta divisa mis estadísticas no son buenas en absoluto. Cuando hago trading con el FDAX y el euro me va relativamente bien, pero con el Dow Jones mis operaciones ganadoras se multiplican. Todo esto lo sé gracias a mi diario de trading, así que si tienes este tipo de información es de esperar que tengas claro cuáles mercados debes negociar y cuáles no.

Aquí también hay un beneficio psicológico. Un diario te proporciona seguridad. La supervisión y revisión diaria y semanal de tus operaciones te brinda estabilidad y continuidad. Esto es especialmente importante cuando las cosas no van tan bien. Puedes revisar tu diario y darte cuenta de que han habido periodo similares. Muy seguramente los habrá otra vez…esto simplemente hace parte del negocio.

Aquí hay un ejemplo de mi propio diario de trading:

Figura 14: Diario de Trading

Datos	Instrumento	Posición	L/C	Entrada	Parada	Riesgo	Salida	Puntos G/P	G/P Euro
08. Abr	Oro	15	L	1576,6	1579,9	376	1579	-30	-342
09. Abr	DAX	15	L	7703	7690	195	7698	-4	-60
	EUR/USD	150.000	C	1,3034	1,306	274	1,3046	-12	-137
	Dow Jones	15	C	14615	14640	285	14612	3	34
10. Abr	BTP	15	C	111,82	112,15	495	111,97	-15	-225
	EUR/USD	150.000	C	1,3076	1,311	383	1,308	-4	-46
11. Abr	EUR/JPY	100.000	C	130,52	130,68	106	130,68	-16	-106
	EUR/USD	100.000	C	1,3121	1,3135	114	1,3136	-15	-114
	WTI	10	C	94,36	94,7	258	94,04	33	251
	Oro	7	C	1556	1563	372	1561	-50	-266
12. Abr	Plata	15	C	27,53	27,7	194	26,36	117	1334
	DAX	10	L	7802	7770	320	7889	-13	-130
	Plata	15	C	2707	2740	376	26,36	71	809
W15								65	1002

Realicé 13 operaciones durante esa semana. De estas 13, ¡9 terminaron en pérdidas! Pero esta es una semana normal. Verás, nada se veía muy bien hasta el jueves, 11 de abril. Pero luego, el viernes 12 tuve dos ganancias muy rentables en el mercado de la plata. Estas 2 operaciones ganadoras hicieron la diferencia para toda la semana. Pero si no hubiera limitado el número de pérdidas que sufrí, no habría tenido ganancia alguna. El balance final de + €1.002 no está mal a pesar de que más del 60% de las operaciones resultaron en pérdida.

35

8. ¿De qué se Trata todo Esto?

He escogido deliberadamente este ejemplo de mi diario de trading porque ilustra muy bien el arte de negociar en el mercado. La mayoría de las 13 operaciones de esa semana trajeron pocos beneficios, e incluso pérdidas. Esto es algo completamente normal y una ocurrencia diaria. Pero a veces se presentan muy buenas posibilidades, como las 2 operaciones de plata el viernes, las cuales marcaron toda la diferencia.

Generalmente no obtendrás este tipo de operaciones si no has adoptado un enfoque disciplinado en los días previos. **El problema psicológico más importante que tienes como trader es que nunca sabes cuándo surgirán estas operaciones ganadoras.** Pero una cosa es cierta: aquellos de nosotros que estamos bien preparados para cualquiera de estas oportunidades, ¡las sabremos aprovechar!

¡Te deseo éxito!

Heikin Ashi Trader

Si tiene alguna pregunta, contácteme en: pdevaere@yahoo.de

Glosario

Bono (Bond): valor que devenga intereses. También anualidad u obligación.

Brecha (*Gap*): diferencia de precios entre dos jornadas de negociación.

Candelabros: codificación de los cambios de precios sobre la base de una tecnología de análisis japonesa.

CFD (Contract for Difference): Contrato por Diferencia.

Correlación (*Correlation*): medida estadística que describe cómo se mueve un valor en relación con otro.

Day Trading: trading especulativo de corto plazo en el cual el trader abre una o varias posiciones y las cierra el mismo día.

DAX: índice bursátil alemán.

Doji: formación de candelabros en la cual el precio de apertura y cierre se encuentran en el mismo nivel.

Forex: mercado internacional de divisas.

Futuros E-Mini (*E-Mini Futures*): contrato de futuros del índice estadounidense S&P 500.

Gestión de Capital (*Money Management*): estrategia que busca controlar el riesgo sobre el portafolio de instrumentos determinando el tamaño de las posiciones de negociación.

Heikin Ashi: forma de representación japonesa de cambios de precios.

Indicador (*Indicator*): identificación del análisis técnico designada para determinar movimiento de precios en el mercado de valores.

Índice Bursátil (*Stock Index*): medida del rendimiento del mercado de acciones general o grupos de acciones individuales (por ejemplo, DAX o NASDAQ).

Liquidez (*Liquidity*): describe en qué medida un valor se puede vender y comprar en un momento dado.

Margen de ganancia (*Spread*): la diferencia entre el precio de compra (*bid*) y el precio de venta (*ask*).

Micro-lote (*microlot*): corresponde a un contrato de $1,000 sobre un par de divisas.

Momentum: impulso que informa al inversionista sobre el ritmo y la fuerza de un movimiento de precios.

OCO (One Cancels the Other): combinación de un stop loss y un límite de venta. La orden es ejecutada cuando el límite o el precio de parada se alcanzan, cancelando automáticamente la otra.

Orden Límite (*Limit Order*): orden con un precio y/o tiempo fijo para la ejecución de la operación.

Orden de Mercado (*Market Order*): orden ejecutada inmediatamente al mejor precio posible.

Orden Stop Loss (*Stop Loss Order*): orden de venta que se ejecuta una vez que se alcanza un precio determinado.

Orden Take Profit (*Take Profit Order*): orden utilizada cuando el mercado alcanza la tasa de ganancia deseada.

Patrón de Continuación (*Continuation Pattern*): Ruptura en la tendencia principal al final de la cual se reanuda la dirección anterior.

Pip: porcentaje en punto, el menor cambio de precio en el trading de divisas.

Posición Corta (*Short Position*): técnica utilizada cuando un inversor anticipa que el valor de una acción disminuirá en el corto plazo. En una transacción de venta corta, el inversor toma prestado las acciones de la empresa de inversión para venderlas a otro inversor.

Punto de equilibrio (*Breakeven*): punto en el que el costo total y los ingresos totales son iguales.

Rango (*Range*): movimiento lateral reconocible en el mercado.

Relación riesgo-recompensa (*Risk-Reward Ratio*): indicador de la utilidad de un sistema. Es calculado al dividir la rentabilidad esperada sobre la pérdida máxima.

S&P 500 (*Standard & Poor's 500*): índice bursátil constituido por las acciones de las 500 empresas más grandes que cotizan en bolsa de Estados Unidos.

Trading de Posición (*Position Trading*): método de trading en el que el trader mantiene una posición abierta a largo plazo (meses o años).

Trompo (*Spinning Top*): patrón gráfico con un cuerpo pequeño y sombras largas. Junto al doji usualmente describen incertidumbre en el precio del mercado.

Vela de reversión (*Reversal Candle*): una vela de inversión (también Pin Bar) termina un movimiento de precio previo en una dirección e introduce un nuevo movimiento de precio en la dirección opuesta. El cierre de la vela está principalmente en la parte superior.

VIX: valor que expresa la volatilidad esperada del índice bursátil S&P 500.

Volatilidad (*Volatility*): desviación estándar. Indicador que especifica la variación en el precio de un mercado.

Más Libros de Heikin Ashi Trader

(Disponibles como libro electrónico e impreso)

Swing Trading con el Gráfico de 4 Horas

Parte 2: ¡Opera lo falso!

En la segunda parte de la serie "Swing Trading Usando el Gráfico de 4 horas", el HeikinAshi Trader habla sobre el fenómeno de la caza de stops y las rupturas falsas, así como los muchos "trucos" que los grandes jugadores y algoritmos llevan a cabo en los mercados financieros de hoy. Estos a menudo parecen ser más la regla que la excepción.

Pero son estas circunstancias las que un swing trader inteligente puede explotar si aprovecha bien la situación. En lugar de caer en la trampa del *Smart Money*, puede aprender a identificar sus pistas en el gráfico y desarrollar una estrategia de swing trading altamente rentable que se centre exclusivamente en la detección de los llamados "falsos movimientos". A menudo, resulta que el engaño de los grandes jugadores representa solo el comienzo de un movimiento significativo. Negociar este movimiento puede ser muy gratificante.

Haciendo referencia a varios ejemplos en diferentes mercados y en situaciones de gráfico técnicas, el autor sigue las huellas del *Smart Money*. Con la práctica, cualquier trader puede detectar estos "trucos" en un gráfico e identificar sus intenciones subyacentes. Dicha estrategia correspondería más a la realidad de los mercados actuales, en lugar de intentar vencer al mercado con métodos obsoletos.

Tabla de Contenido

Cómo empezar un negocio de Trading con $500

Muchos traders que apenas empiezan en el negocio financiero cuentan con poco capital disponible para negociar. Pero esto no es un obstáculo para comenzar una carrera exitosa en el trading.

Sin embargo, este libro no trata sobre cómo convertir una cuenta de $500 en una de $500,000. Son precisamente estas expectativas de retorno exageradas las que llevan a muchos traders novatos al fracaso.

Por el contrario, el autor explica de una manera bastante realista cómo puedes convertirte en trader de tiempo completo a pesar de contar con un capital limitado. Esto aplica tanto para traders que quieran realizar su actividad en privado como para aquellos que eventualmente desean negociar activos financieros en nombre de sus clientes.

Este libro muestra paso a paso cómo hacerlo. Además, contiene un plan de acción concreto para cada paso. En principio, cualquier persona puede ser un trader, si él o ella están dispuestos a aprender cómo funciona el negocio.

Tabla de Contenidos

¡El Scalping es Divertido!

4 libros en uno

Parte 1: Trading Rápido con el Gráfico Heikin Ashi

Parte 2: Ejemplos Prácticos

Parte 3: ¿Cómo Evalúo mis Resultados de Negociación?

Parte 4: El Trading es Fluir

El scalping es la manera más rápida para hacer dinero en los mercados financieros. No existen otros métodos que puedan aumentar el capital de un trader con mayor eficacia. Para explicar el por qué, el trader Heikin Ashi, radicado en Alemania, lo describe detalladamente en el presente e-book, el primero de una serie de cuatro libros sobre el scalping.

Parte 1: Operaciones Transacciones Veloces con el Gráfico Heikin Ashi

1. Bienvenido al Scalping. ¡Es divertido!

2. ¿Cómo funcionan los mercados?

3. ¿Qué es el Trading?

4. ¿Qué es el Scalping?

5. El gráfico Heikin Ashi

6. La configuración del Scalping

7. Cómo Gestionar el Riesgo y el Dinero

8. ¡Toma una Decisión!

Parte 2: Ejemplos prácticos

1. Scalping con Análisis Técnico

2. ¿Cómo Interpreto los Gráficos Heikin Ashi?

3. ¿Cuándo Entro al Mercado?

4. ¿Cuándo Salgo del Mercado?

Parte 3: ¿Cómo evalúo mis resultados de negociación?

- Semana 9

- Semana 10

- Semana 11

- Semana 12

3. ¿Cómo está Jenny ahora?

4. El Scalping es un Negocio

Parte 4: El Trading es Fluir

1. Negocia Sólo Cuando sea Divertido

2. Cuando No Debes Negociar

3. Las Mejores Horas de Negociación para:

A. Traders de Forex

B. Traders de Índices Bursátiles

C. Traders de Crudo

4. ¿Por qué el Scalping Ultra-Rápido es Mejor que Unas Pocas Operaciones Bien Estudiadas?

5. La Disciplina se da Mejor en el Flow

6. Instrumentos de Advertencia y Control

7. Sé Agresivo Cuando Ganes y Sé Defensivo Cuando Pierdas

Sobre el Autor

Heikin Ashi Trader es el seudónimo de un trader con más de 16 años de experiencia en el day trading de futuros y divisas. Se especializa en el scalping y el day trading ultra-rápido. Además de su actividad comercial, también publica libros en los que enseña sus métodos de negociación. Los temas que trata son: scalping, swing trading y gestión de dinero y riesgo.

Sello Editorial

Primera Edición 2017

Texto: © Derechos de autor por Heikin Ashi Trader

Published by:

DAO Press, LLC

Plaza de San Cristobal, 14

03002 Alicante